Matthias Fiedler

房源匹配之創新構想：
簡化房地產仲介服務

房源匹配：採用創新的房源匹配門戶網站
展開高效，便捷，專業之房地產仲介服務

出版訊息

印製版圖書第 1 版 ｜ 2017 年 2 月
（原文發表於德國，2016 年 12 月）

© 2016 Matthias Fiedler

Matthias Fiedler
Erika-von-Brockdorff-Str. 19
41352 Korschenbroich
德國
www.matthiasfiedler.net

生產和印製：
見末頁鋼印

封面設計：Matthias Fiedler
電子書製作：Matthias Fiedler

ISBN-13（Paperback）：978-3-947184-60-6
ISBN-13（E-Book mobi）：978-3-947128-34-1
ISBN-13（E-Book epub）：978-3-947128-35-8

德國國家圖書館書目訊息：
德國國家圖書館將本出版物收錄在德國國家圖書館中；詳細之書目訊息可在 http://dnb.d-nb.de 中查看。

內容摘要

本書將介紹全球房源匹配門戶網站（App－應用程式）之一種革命性構想，估計其潛在營業額非常可觀（數億歐元），門戶網站還可以嵌入到帶物業估價功能之房地產仲介軟體中（數萬億歐元之潛在營業額）。

這樣，無論是住宅還是商用物業，無論是自住還是出租，都能高效省時地得以推薦。這對於所有房地產經紀人和有意向者而言都是創新專業房地產仲介服務之未來。房源匹配可以在幾乎所有國家實施，甚至跨國實施。

在房源匹配門戶網站中，有意向者自己提出要求（搜尋配置）並與房地產經紀人之房源對比和匹配，代替原來將物業「帶給」有意向者或租房者。

目錄

序言

在 2011 年，經過我的深思熟慮得出了創新房源匹配構想。

自 1998 年以來我一直從事房地產相關工作（包括房地產經紀人，物業買賣，估價，租賃及地產開發）。我是房地產專員（IHK），房地產經濟學碩士（ADI）和物業估價專家（DEKRA）以及國際公認之皇家特許測量師皇家學院房地產協會之成員（MRICS）。

Matthias Fiedler

Korschenbroich，2016 年 10 月 31 日

www.matthiasfiedler.net

1.創新房源匹配之構想：簡化房地產仲介服務

房源匹配：採用創新的房源匹配門戶網站展開高效，便捷，專業之房地產仲介服務

在房源匹配門戶網站（App －應用程式）中，有意向者自己提出要求（搜尋配置）並與房地產經紀人之房源對比和匹配，代替原來將房產「帶給」有意向者或租房者。

2. 有意向者和房產賣家之目標

對於房產銷售者和出租者，關鍵是以盡可能高之價格儘快出售或出租房源。

對於有意購房者和租房者，關鍵是按其心願找到房源並儘快順利地購買或租用。

3. 房源搜尋以往之步驟

一般情形下，有意向者會在網際網路上查看各大房產門戶網站中所需區域之房源。在那裡，提交簡單之搜尋配置就可以透過電子信件獲得房源或含若干房源連結之清單。通常，他們會在 2-3 個房地產門戶網站上這樣作業。接著，再透過電子信件與賣家聯絡。這樣賣家就有機會和許可權聯絡有意向者了。

此外，有意向者也會單獨聯絡所需區域之房地產經紀人並提出搜尋配置。

房地產門戶網站上之賣家可能是私人也可能是企業。商用供應者主要是房地產經紀人，也有部分時建築承包廠商，房地產代理廠商等房地產公司（本文將商用供應者稱為房地產經紀人）。

4. 私人賣家之缺點 / 房地產經紀人之優點

對於交易性房產而言，私人賣家並非總能確保即刻售出，例如繼承人間未就繼承之房產達成一致或者沒有繼承權證明書。此外，未解決之法律問題，例如，居住權，都會使房產出售複雜化。

對於出租房產，私人出租者可能未獲得監管部門之核准，例如，將商用地產（面積）作為住房出租。

當房地產經紀人作為供應者時，則通常都已清理了上述問題。另外，房地產經紀人通常也會事先準備好所有相關不動產文檔（平面圖，位置規劃圖，能效證書，土地

登記書，官方文檔等）。因此，可以迅速
出售或出租，無相關麻煩。

5. 房源匹配

一般來說，為迅速高效地匹配有意向者和賣家或出租者，系統專業之途徑十分必要。

即要在搜尋時在房地產經紀人與有意向者之間形正確之方法和流程。也就是說，在房源匹配門戶網站（App －應用程式）中由有意向者自己搜尋（搜尋配置）並與房地產經紀人之房源對比和連結來代替將房產「帶給」有意向者或租房者。

首先，有意向者要在房源匹配門戶網站中創建具體之搜尋配置。搜尋配置包含約 20 項偏好。以下若干偏好（並非完全列舉）對搜尋配置十分重要。

- 地區/郵遞編碼/位址

- 房產內容

- 土地面積

- 住房面積

- 售價/租金

- 建成時間

- 樓層

- 房間數量

- 出租（是/否）

- 地下室（有/無）

- 陽臺/露臺（有/無）

- 供暖方式

- 車位（有/無）

此處之關鍵是這些偏好都不能自由輸入，
而要透過點擊並從帶有預定義選擇/選項之

清單中打開各偏好之欄位（如房產內容）（例如，房產內容：住房，公寓，倉庫，辦公室等）。

有意向者也可以創建其他搜尋配置。更改搜尋配置亦可以。

此外，有意向者也可以在設定之欄位中輸入完整之聯絡訊息。包括姓名，位址，門牌號碼，郵遞編碼，電話和電子信件。
若完成了輸入，則說明有意向者同意房地產經紀人與其聯絡並寄送合適之房源（信函）。

此外，有意向者還與房源匹配門戶網站之營運廠商訂立一份合約。

然後，搜尋配置經程式設計接口（API -
應用程式程式設計接口） - 類似德國
「openimmo」之程式設計接口 - 供房地產
經紀人使用，尚不可見。為此，注意程式
設計接口 - 即實施之關鍵 - 支援目前實
踐中幾乎所有房地產仲介軟體，並確保傳
送。若不是，則技術上應該可行。- 若已
經有了程式設計接口，如上述程式設計接
口「openimmo」和實踐中之其他程式設計
接口，則應也可以傳送搜尋配置。

現在，房地產經紀人將其要推薦之房源與
搜尋配置對比。在此，物業被導入房源匹
配門戶網站並對比和匹配各偏好。

經對比，用百分比表示匹配結果。– 若匹配度為 50% 或以上，則在房地產仲介軟體中可以看見搜尋配置。

各個偏好彼此加權（得分系統），這樣，內容在經過對比後就能得到匹配度（匹配之概率）。例如，「房產內容」偏好之權重比「住房面積」之更高。此外，可以選擇房源必須具備之某些偏好（例如，地下室）。

在對比偏好之過程中應注意規定房地產經紀人只登入其想要之（預定）區域。減少資料同步之耗費。因為房地產經紀人一般都按區域工作。應注意到現在可以透過所謂之「雲」儲存和處理大量資料。

為確保專業之房地產經紀人，只有房地產經紀人才能登入搜尋配置。

為此，房地產經紀人與房源匹配門戶網站之營運廠商訂立一份合約。

每次對比/匹配後，房地產經紀人可以聯絡有意向者，相反，有意向者也可以聯絡房地產經紀人。這意味著，若房地產經紀人向有意向者發送信函，就在發生銷售或租賃時記錄活動報告或房地產經紀人傭金之要求。

前提條件是房地產經紀人受房屋所有人（賣家或出租者）之委託推薦房源或房屋所有人已同意提供房源。

6. 應用範圍

本文所述之房源匹配適用于住宅和商用地產之銷售和出租。商用地產相應地需要其他房源偏好。

有意向者這方面，在實際情形中也很常見，可能是受客戶委託之房地產經紀人。

從空間上來看，房源匹配門戶網站可以轉移到幾乎任何國家。

7. 優點

房源匹配為有意向者提供了很大之優勢，
比如，當你正在本區域（居住地）或在更
換工作時到另一個城市/區域內找尋房源。
只要創建搜尋配置，然後就能收到來自所
需區域房地產經紀人發送來之適合房源。

這對於房地產經紀人亦是很大之優勢，提
高效率，節省時間銷售或出租之時間。
房地產經紀人將即刻清晰地瞭解提供之每
個房源具體受到之關注度有多高。
此外，房地產仲介可以直接聯絡他們已經
創建搜尋配置且已對理想房源深思熟慮之
目標受眾（主要是發送房源信函）。
從而提高聯絡之品質，因為有意向者知道
他們自己要找什麼。這就減少了後續看房

之次數。因此，待銷售房源之整體銷售時
間減少了。

有意向者在看房之後通常都會直接訂立購
房或租房合約。

8. 實例計算（潛力） – 僅自住住宅和獨棟住宅（不包括出租住宅和商用房產）

下面將說明房源匹配門戶網站之潛力。

在一個居住人口為 25 萬人口之動遷基地，例如，明興格拉德巴赫市，經統計約有 125000 家住戶（每戶 2 個居民）。平均搬遷率約為 10%。所以，每年有 12500 家住戶搬遷。– 在此並未考量前往和遷出明興格拉德巴赫市之動態平衡。– 其中有約 10000 家住戶（80%）尋找出租房源，約 2500 家住戶（20%）購買物業。

據明興格拉德巴赫市專家委員會對房地產市場之報告，2012 年共 2613 例物業買

入。- 這個資料證明上述 2500 家住戶有意購買物業。實際上有更多，例如，並不是是每個有意向者都已找到物業。據估計，實際有意向者以及搜尋配置之具體數量是平均搬遷率 10% 之兩倍，即 25000 個搜尋配置。這意味著有意向者在房源匹配門戶網站上創建多個搜尋配置。

值得一提的還有，迄今為止之經驗表明，大約一半之有意向者（購房者和租房者）都透過房地產經紀人找到房源，共 6250 家住戶。

但是，經驗表明至少有 70% 之住戶透過網際網路上之物業門戶網站查找房源，共 8750 家住戶。（相當於 17500 個搜尋配置）。

若所有有意向者中之 30%，即 3750 家住戶（相當於 7500 個搜尋配置）在像門興格拉德巴赫市這樣之一個城市裡在房源匹配門戶網站（APP － 應用程式）中創建其搜尋配置，則已接入之房地產經紀人每年可以利用 1500 個購房意向者之具體搜尋配置（20%）和 6000 個租房意向者之具體搜尋配置（80%）提供合適之房源。

也就是說，在一個有 25 萬居民之城市裡，若平均搜房時間持續 10 個月，又對有意向者之每個搜尋配置收取每月 50 €之費用（假設），則 7500 個搜尋配置就意味著每年 3,750,000 € 之潛在營業額。

若推及約有 80,000,000 （八千萬）居民之整個德意志聯邦共和國，則每年之潛在

營業額將達 1,200,000,000€（十二億歐元）。- 若不止所有有意向者之 30%，而是其中之 40% 透過房源匹配門戶網站搜尋房源，則潛在營業額將提高到每年 1,600,000,000€（十六億歐元）。

這個潛在營業額還只限于自主住宅和獨棟住宅。住宅物業中之租賃或投資物業和商用物業都不包括在此潛力計算中。

德國共有約 50,000 家房地產仲介企業（包括參股承建企業，房地產經紀人和其他房地產公司）僱用大約 20 萬名員工，若這 50,000 家企業中有 20% 使用房源匹配門戶網站並平均購買兩張許可證，每張許可證每月收取 300 歐元之費用，則每年之潛在營業額將達 72,000,000€（七千兩百

萬歐元）。此外，還可以在某區域預約本區域搜尋配置，然後依照各種設定取得突出之潛在營業額。

因為創建具體搜尋配置之有意向者眾多，所以房地產經紀人永遠都無需更新其私人之有意向者資料庫。而且，最新的搜尋配置數量非常有可能超過許多房地產經紀人在其資料庫中創建之搜尋配置。

若這種創新的房源匹配門戶網站能在多個國家得以應用，例如，德國之有意向者可以在地中海島馬妻卡（西班牙）創建搜尋配置，已接入之馬妻卡房地產經紀人可以透過電子信件向德國之有意向者推薦合適之公寓。– 若已寄送之信函是用西班牙語

寫，則有意向人現在可以在網際網路上用翻譯程式在非常短之時間內將其翻譯成德語。

為了能夠實現搜尋配置之匹配和跨語言交流，可以房源匹配門戶網站內部基於已設定（數學）偏好對比各項偏好，先去除語言之影響，然後再與相應之語言配對。

若在各大洲應用房源匹配門戶網站，則上述潛在營業額（經搜尋有意向者）經簡單外推之結果如下所示。

世界人口：

7,500,000,000（七十五億）居民

1. 發達國家和主要發達國家之人口：

   2,000,000,000（二十億）居民

2. 新興國家之人口：

   4,000,000,000（四十億）居民

3. 發展中國家之人口：

   1,500,000,000（十五億）居民

擁有八千萬居民之德意志聯邦共和國之潛在年度營業額為十二億歐元，採用以下假設係數因素轉換或外推發達國家，新興國家和發展中國家之結果。

1. 發達國家：　　　　　1.0

2. 新興國家：　　　　　0.4

3. 發展中國家：　　　　0.1

由此算得以下潛在年營業額（十二億歐元 X 人口（發達國家，新興國家和發展中國家）／ 八千萬居民 X 係數）。

1. 發達國家： 三萬億歐元

2. 新興國家： 二萬四千億歐元

3. 發展中國家： 二千二百五十億歐元

總計： 五萬六千二百五十億歐元

9. 總結

本文中所述之房源門戶網站使得搜房者（有意向者）和房地產經紀人都大受裨益。

1. 有意向者搜尋合適物業之時間顯著減少，因為只需要創建搜尋配置一次。

2. 房地產經紀人能清晰地瞭解有意向者之數量及其具體要求（搜尋配置）。

3. 有意向者將只收到來自房地產經紀人推薦之合符要求的或合適的物業（依照搜尋配置）。

4. 房地產經紀人花費在管理私人搜尋配置資料庫之時間減少，因為可以永久使用資料量龐大之最新搜尋配置資料庫。

5. 因為只有商用賣家／房地產經紀人接入房源匹配套門戶網站，所以有意向者將與專業且通常是經驗豐富之房地產經紀人接觸溝通。

6. 房地產經紀人可以減少看房次數並降低整體銷售持續時間。相對的，有意向者也可以減少預約看房之次數並縮短在最後訂立購房或租房合約之前花費之時間。

7. 銷售和出租物業之所有人也同樣可以節省時間。此外，出租物業之空置率將更低而迅速出租或出售購買房地產時，更早地支付房款，也體現出經濟方面之優勢。

隨著房源匹配構想之實現和落實，房地產仲介服務行業將取得巨大進步。

10. 將房源匹配門戶網站嵌入到帶物業估價功能之房產經紀人軟體中

該處說明之房源匹配門戶網站可以也應該從一開始就成為新的房地產仲介軟體之一部分 – 最好全球可用。也就是說，房地產經紀人可以將房源匹配門戶網站新增至已在使用之房產經紀人軟體中或最好使用帶房源匹配門戶網站之新房產經紀人軟體。

將這種高效創新的房源匹配門戶網嵌入至自有房產經紀人軟體中是房地產仲介軟體之最基本特點，這對於市場推廣是必不可少的。

因為物業估價一直是房地產仲介服務中一個重要之組成部分，所以必須在房地產仲介軟體在嵌入物業估價工具。物業估值及

其計算方法可以透過連結使用由房地產經紀人輸入/創建之房地產相關資料/參數。缺少之參數由房地產經紀人用自己在本區域之市場之專業知識增補。

此外，在房地產仲介軟體中可以嵌入待推薦物業之所謂虛擬看房。為行動電話和/或平板電腦開發另外之 App（應用程式），將很大程度上簡化實施，成功建立虛擬看房功能後，將自行嵌入並與房地產仲介軟體整合。

若高效創新的房源匹配門戶網站與帶物業
估值之新房地產仲介軟體連結，潛在營業
額還能再次大幅提高。

Matthias Fiedler

Korschenbroich, 2016 年 10 月 31 日

Matthias Fiedler

Erika-von-Brockdorff-Str. 19

41352 Korschenbroich

德國

www.matthiasfiedler.net